JN096044

お金の使い方で
未来を変えよう!

エシカルな消費をしよう

監修：松葉口玲子

童心社

お金の使い方で未来が変わる！

わたしたちは毎日、さまざまなものを買って生活しています。身の回りの食べ物や服や家具や家電製品の多くは、買ってきたものですね。

ものを買うときに必要なのがお金。わたしたち消費者は、どんなふうにお金を使うか、どんな商品を買うかを選ぶことができます。お金の使い方で、自分の生活だけでなく、わたしたちの暮らす社会も変えることができるのです。

お金の上手な使い方を知って、世の中を、未来を変えていきましょう。

この巻では、エシカル消費や、ごみを減らすことの大切さについて学んでいきます。

この本に出てくるキャラクター

やりくりちゃん

お金のやりくりが得意な不思議な生き物。買い物の仕方やお金の使い方をみんなに教えてくれる。

ふみかちゃん

おしゃれが大好きな小学５年生。おしゃれなものを見ると、つい買いたくなってしまう。

みらいくん

あまいものが大好きな小学５年生。お菓子を買いすぎて、おこづかいは、いつもすぐになくなってしまう。

もくじ

1 地球や人をすくう エシカル消費

地球には今どんな問題があるの？

地球の環境や、そこに暮らす生き物やわたしたち人間に、今、どんな問題が起きているのでしょうか？

さまざまな環境問題がある

わたしたち人間は、地球のさまざまな資源を使い、エネルギーを大量に消費して、ものをつくったり動かしたりして、快適な暮らしを手に入れました。

そのために、資源として森林を切り倒し、工場の排水などで海や空気をよごしてきました。さらに、エネルギーを使うときに温室効果ガスを出して地球温暖化をまねくなど、さまざまな環境問題を引き起こしています。

今だけでなく、これから先もずっと環境や資源を残していける、持続可能な社会をつくるためは、ひとりひとりが環境のことを考えて行動することが求められています。

地球温暖化による気候変動で、豪雨や森林火災なども増えて、大きな被害も出ているんだクリ。

さまざまな環境問題

大気・海・陸地の汚染

工場や家庭の排水や排気、ごみなどが、地球をよごしています。

地球温暖化

工場や家庭、車などが出す温室効果ガスが、地球の気温を上げる原因になっています。

森林の減少

森林には多様な生き物を育んだり、温室効果ガスを吸収する働きがありますが、多くの森林が農地などに変えられています。

生物の絶滅

生き物のすみかが減り、多くの生物が絶滅しつつあります。日本で見られる動物でも、ツシマヤマネコやジュゴンなどが絶滅の危機に直面しています。

ごみが増えている

環境問題の中でも深刻なことのひとつが、ごみ問題です。世界中で毎日いろいろなものが大量に生産され、大量に消費されています。使われた商品のパッケージや、使い終わったもの、消費されずに余ったものは、大量のごみになります。

日本も例外ではなく、とくに商品の包み紙や食品のパック、トレイ、弁当の容器などの容器包装のごみが多く、問題になっています。

ごみは燃やされたり、埋め立てられたりしますが、燃やすときに出る二酸化炭素（CO_2）などのガスは「温室効果ガス」と呼ばれ、地球温暖化を進めるおそれがあります。埋め立て地も、このままでは足りなくなるといわれています。

家庭のごみのうちの容器包装のごみの割合（容積比率）

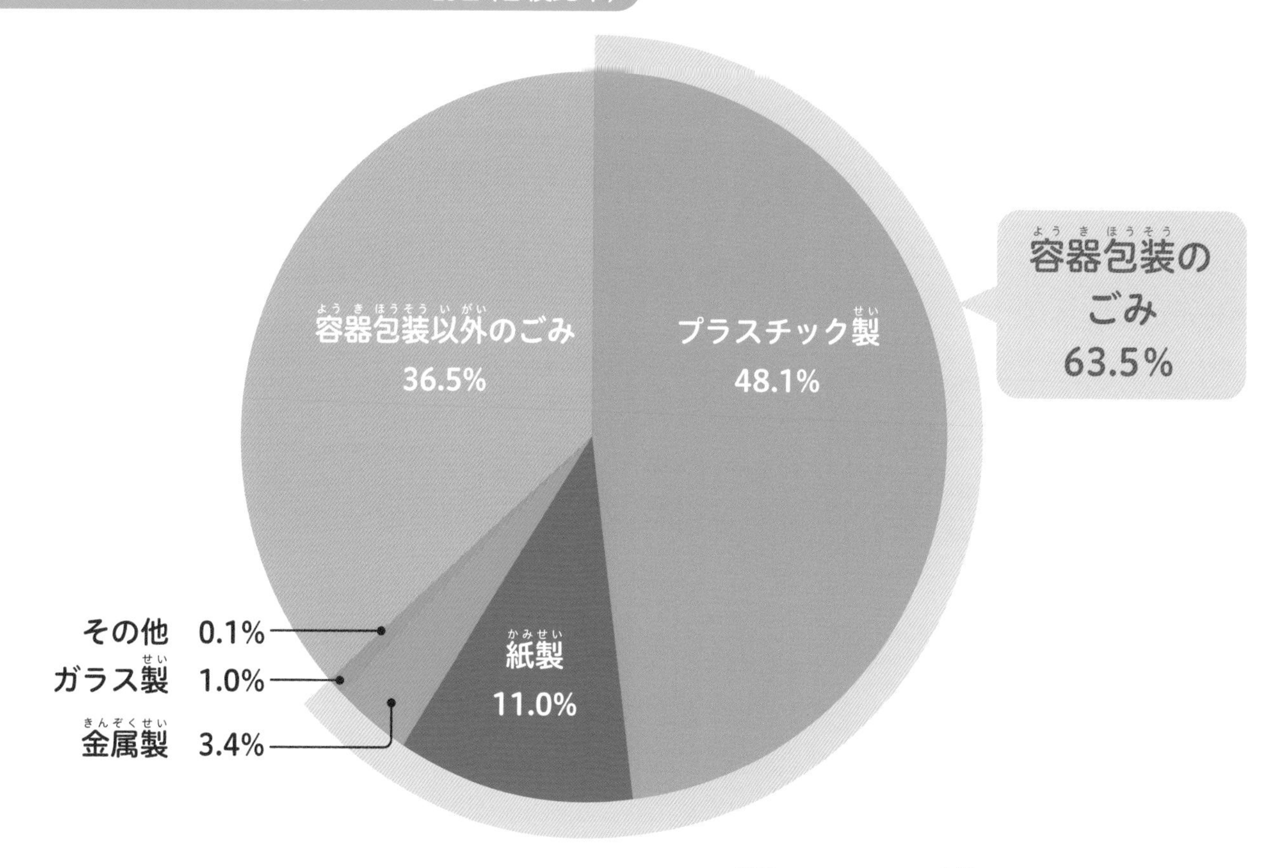

※全国の8都市のうち、それぞれ3地区の家庭から排出された家庭ごみ（粗大ごみをのぞく）を調べたもの
2022年7～12月／環境省「容器包装廃棄物の使用・排出実態調査の概要 令和4年度」より

家庭のごみの半分以上が容器包装だなんて、びっくりだよね。

チョコの包み紙とかポテトチップの袋とか、ぼくもいっぱいごみを出してるなあ。

貧困や紛争、差別で苦しむ人たちがいる

世界を見ると、経済的な豊かさには大きなかたよりがあります。豊かな国がどんどん豊かになる一方で、貧しい国ではその日に食べるものにも不安を感じながら暮らしている人々が大勢います。

また、戦争や紛争で、命の危険にさらされながら生きている人々も少なくありません。平和な国の中でも、差別やいじめを受けて、苦しんでいる人がいます。

人が自分の意思で自由に行動し、幸せに暮らす権利を「人権」といいます。人権はすべての人が生まれながらにもっている権利ですが、それをおびやかされている人も少なくないのです。

だれもが健康で幸せに暮らせるようにするにはどうすればよいのか、むずかしい問題ですが、みんなが自分のこととして考えて、身近なところから取り組んでいかなければなりません。

体や心が満たされていて、人や社会とつながりながら、前向きに暮らせることを「ウェルビーイング」っていうよ。みんなが「ウェルビーイング」でいられる世の中にするために、いっしょに考えてみるクリ。

世界で食料不安をかかえる人の割合

世界では、10人に1人が日々の食べ物を得られるかわからずに暮らしています。

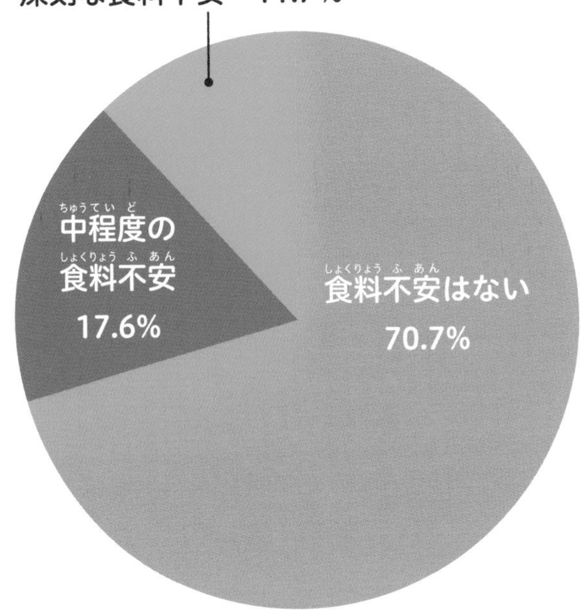

※中程度の食料不安は、食べものの量が十分でなかったり、健康にあまりよくない安い食べものにたよるしかない状態、深刻な食料不安は、その日に食べるものがなく、明日以降も食べものを手に入れられるかどうかわからない状態のこと。

2021年／日本ユニセフ協会

ちょこっとコラム 子どもの人権って何だろう？

1989年、国際連合（国連）は「子どもの権利条約」をつくりました。この条約は、18歳未満の人を子どもとしていて、次の4つの原則をはじめ、子どもの人権を守るためのルールを定めています。

差別されない
すべての子どもは、人種や国籍、性別など、どんなちがいがあっても差別されません。

子どもにとっていちばんよいことを
子どもに関することは「子どもにとっていちばんよいことは何か」という視点で考えられなければいけません。

命を守られ、成長できる
すべての子どもは命が守られ、すこやかに成長できるように支援を受けることができます。

子どもの意見を大切にする
子どもは自分に関係することに意見を言うことができ、大人はそれを大切にしなければいけません。

エシカル消費ってどういうこと？

環境や人、社会をめぐる問題を解決するためには
どんなふうに買い物したり、ものとつきあったりすればよいでしょうか？

環境や人のことを考えて買い物をする

「エシカル」というのは「倫理的な」という意味の英語で、「消費」はものを買ったり使ったりすること。ふたつを合わせた「エシカル消費」という言葉は、まわりの人や世の中や環境のことを考えて、ものを買ったり使ったりする、という意味で使われています。

買い物するときには、安さやデザイン、性能だけでなく、人や環境のことを考えてつくられているかという点も考えてみましょう。多くの人がそうした商品を買うようになれば、そうした商品が増えて、世の中が変わっていきます。

買ったあとは、ていねいにあつかって長持ちさせれば、資源のむだづかいを減らすことができます。さらに使い終わったら、人にゆずったり、リサイクルしたりしましょう。

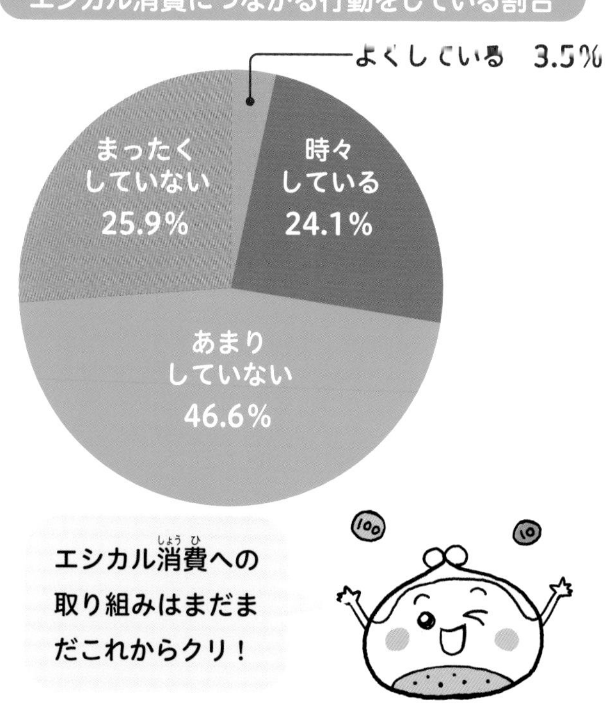

2022年／消費者庁「令和4年度第3回消費生活意識調査」より

エシカル消費の3ステップ

人や環境にやさしい商品を買う

ていねいにあつかって、長く使う

使い終わったら、人にゆずったり、リフォームしたりして、ごみを減らす

環境問題や社会の問題の解決のために実践している割合

	積極的に実践している／ある程度実践している	あまり実践していない／ほとんど・まったく実践していない	無回答
エコバッグを使う	87.6	9.7	
ごみを減らし、再利用したり、リサイクルに出したりする	76.6	20.2	
節水や節電に取り組む	74.7	22.0	
省エネルギーや、二酸化炭素を減らすことに配慮した商品やサービスを利用する	40.3	55.3	
食べられるのに捨てられる食品（食品ロス）を減らす	76.7	19.8	
まだ着られる服を捨てないで活用する	64.8	31.8	
余分な包装を減らす取り組みをしている商品を選ぶ	50.6	45.6	
地産地消を実践するために、地元の特産品を買う	50.1	46.3	
災害にあった地域の応援につながる商品を選ぶ	32.0	64.2	
障がい者の仕事につながる商品を選ぶ	19.3	76.6	

0　20　40　60　80　100(%)

2021 年度／消費者庁「令和 3 年度消費者意識基本調査」より一部抜粋

わたし、買い物のとき、
かわいいエコバッグ
もっていくよ！

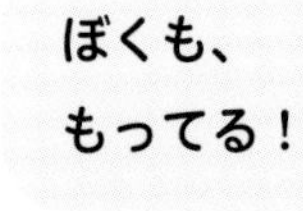

みんな、できる
ことからはじめ
るといいクリ。

2 お店でできるエシカル消費（しょうひ）

環境にやさしい商品ってどんなもの？

お店で、どんなものを選べば
環境にやさしいエシカル消費ができるのでしょうか？

森にやさしい商品を探そう

森林の木は、建物や家具をつくる木材のほか、紙の原料になるパルプにも利用されています。日本では、それらの多くを輸入にたよっています。

森は、多くの生き物のすみかになり、温室効果ガスの二酸化炭素（CO_2）を吸収する働きもありますが、世界で、森林は減っています。農地に変えられたり、火災で燃えたりした部分が大きいのですが、多くの木材を輸入しているわたしたちも、世界の森林を守る責任があります。

木製品・紙製品（パッケージをふくむ）を選ぶときは、森林に配慮してつくられたものや、間伐材（森林を手入れする際に伐採された木材）を利用したもの、再生紙などを選ぶようにしましょう。

日本の木材の自給率

建築用材など
（家や家具などに使う）

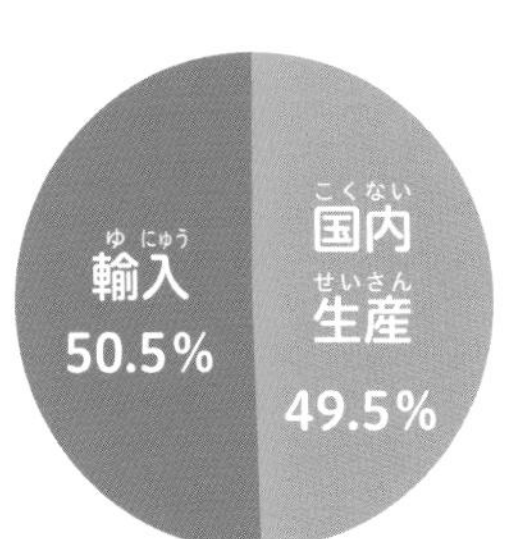

パルプ・チップ用材
（紙に使う）

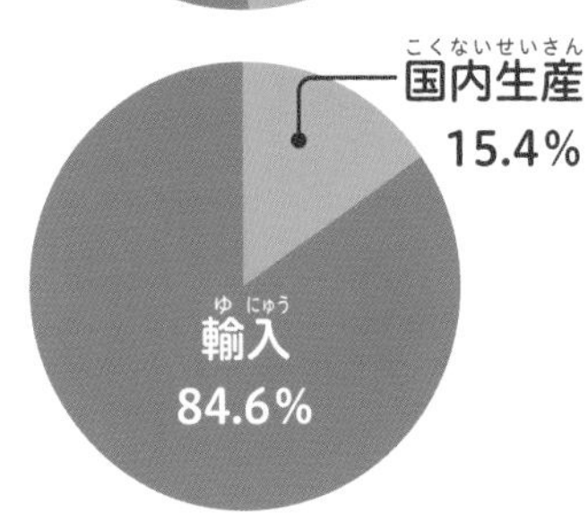

2022年／林野庁「木材需給表・木材自給率の動向」より

マークをチェック！

FSC® マーク
適切に管理された森林からの木材や、適格だとみとめられたリサイクル資源からつくられた商品についています。

再生紙使用マーク
再生紙を使用した製品についています。右側の数字は使われている古紙パルプの割合を示しています。

紙って、ノートとかだけじゃなくて、お菓子のパッケージにも使われてるんだね…。

これならわたしたちにも選べそう！

有機農業でつくられた食品を探そう

化学的に合成された肥料や農薬、遺伝子組み換え技術を利用しないで、環境への負荷をできる限り減らして行われる農業を「有機農業」といいます。

化学的な肥料や農薬を使う農業に比べて、田畑の土や、まわりにすむ生き物への影響が少ないといわれています。

ただ、その分手間がかかり、値段が高くなります。毎日の生活の中で無理がない範囲でとり入れられるといいですね。

耕地面積のうち有機農業の面積の割合

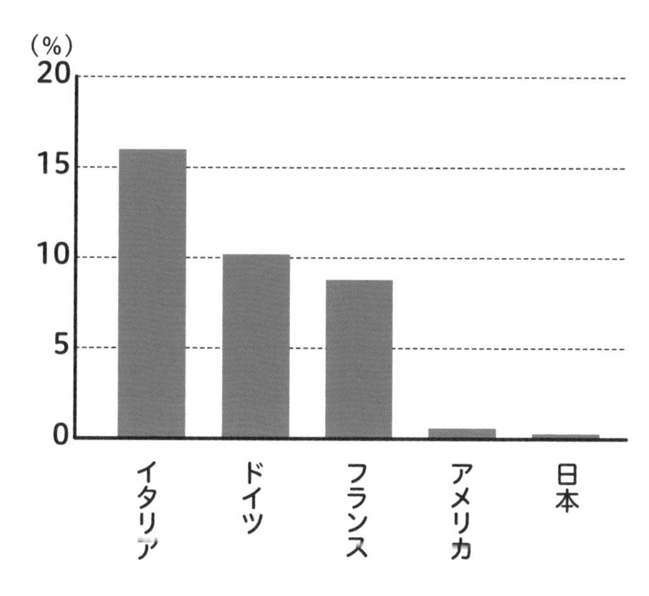

2020年／農林水産省「有機農業をめぐる事情」より一部抜粋

マークをチェック!

有機JASマーク

有機農業でつくられた農産物や加工品についています。

海にやさしい商品を探そう

わたしたちは、食べるために魚や貝などをとりすぎて、食用になる水産物が減少し、このままではなくなってしまうのではという危機に直面しています。

そのため、とりすぎないように漁業を行おうという動きが出ています。水産物を買うときは、海や海の生物に配慮したものを選ぶようにしましょう。

また、海は、排水やごみで汚染されています。とくに最近は、プラスチック製品が紫外線などで分解されてできる5mm以下のマイクロプラスチックが増え続け、海の生物の体内に入りこんで害をあたえることが問題になっています。

プラスチック製品を使うことをなるべく減らし、使い終わったあとはしっかり分別して、リサイクルするようにしましょう。

マークをチェック!

MSC「海のエコラベル」

海の生きものや環境に配慮した、持続可能な漁業でとられた水産物についています。

海に捨てられたごみ。レジ袋やプラスチック容器などからマイクロプラスチックができる。食べた魚は弱って死んでしまうことがある。

地域にやさしい商品ってどんなもの？

地域にやさしいエシカル消費をするには、
どうすればよいのでしょうか？

地元でとれたものを食べよう

住んでいる地域でとれた野菜や魚などを食べることを「地産地消」といいます。その地域で生産されたものをその地域で消費するという意味です。

住んでいる地域でとれたものは輸送に時間がからないので、新鮮です。よく知っている地域でつくられたものなので、安心して食べられますし、地域の産業や食文化を知るきっかけにもなります。

そして、多くの人が地元でとれたものを食べれば、その地域の農業や水産業がさかんになって、地元が元気になります。

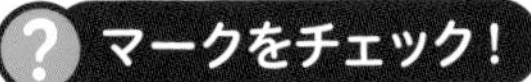

Eマーク（地域特産品認証マーク）
食品のうち、地域の特産品で、地域の原材料を活かしてつくられたものについています（左は東京都のEマーク）。

食料の輸送距離が短いと、環境にやさしい

食料を輸送する際に使う船や飛行機、トラックが出す排ガスは、大気汚染や地球温暖化などの原因になります。地球の環境を守るには、できるだけ食料の輸送を減らすことが効果的だと考えられています。

そのための目安として、「フードマイレージ」という考え方があります。これは「輸送する食料の量」×「距離」で計算します。たとえば、3tの食料を10km運んだら、フードマイレージは30t・kmになります。

多くの食料を輸入している日本は、フードマイレージがとても大きくなっています。できるだけ国産のもの、それも地元のものを買うことで、フードマイレージを減らすことができます。

日本の食料自給率

日本は食料の半分以上を外国から輸入している。

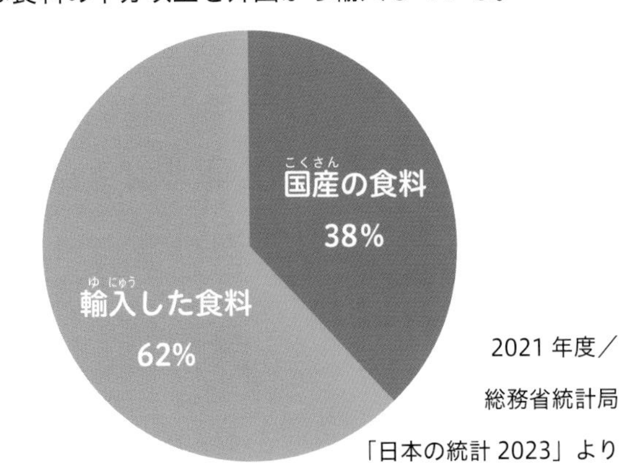

2021年度／総務省統計局「日本の統計2023」より

食料を輸入にたよっていると、戦争などで外国の状況が不安定になると、手に入らなくなる心配もあるクリ。

人にやさしい商品ってどんなもの？

争いや災害、貧困などで苦しんでいる人々を助けるためには、どんな消費をすればよいのでしょうか？

フェアトレードについて知ろう

貿易は、国どうしがものなどを取り引きすることです。どちらかの国が不利益にならないような、公平で公正（＝フェア）な貿易を、「フェアトレード」といいます。

でも実際には、フェアではない貿易がたくさん行われています。たとえば、経済力の強い国は、弱い国から商品を安く買おうとします。弱い国の会社は少しでもお金を得るため、安くて売れる商品をつくろうとして、とても低い給料で人をやとったり、子どもたちを働かせたりします。そうすると、どんなに商品を売っても、経済力の弱い国の人々の生活は豊かにならず、国も安定しません。

このようなことをなくし、どの国も豊かになれるよう、フェアトレードで輸入された商品を買おうという考え方が広がっています。

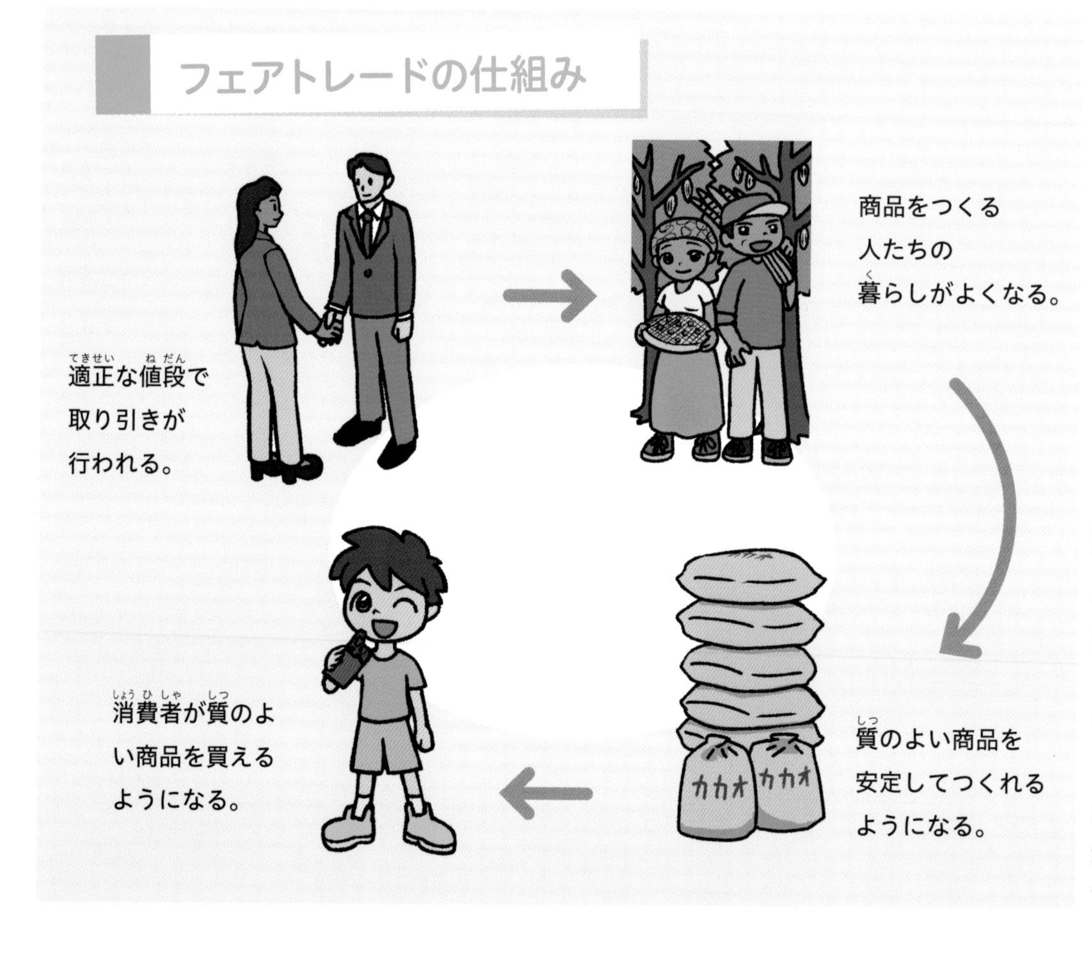

フェアトレードの基準には、そこで働く人々に適正なお金をはらっているか、働く環境はよいか、人を強制的に働かせたり、子どもたちを働かせたりしていないか、などがふくまれています。

国際フェアトレード認証の対象になっているものの例

マークをチェック！

国際フェアトレード認証ラベル
開発途上国の原料や製品を適正な値段で買う公正・公平な貿易によってつくられたと認証された製品についています。

人を応援する商品について知ろう

大きな災害にあった地域でつくられたものや、障がいのある人たちによってつくられたものを買うことは、その人たちを応援することにつながります。これもエシカル消費のひとつです。

商品の中には、売り上げの一部が寄付にあてられるものがあります。このような商品を、「寄付つき商品」といいます。寄付する先は、環境保護活動や、子どもたちへの支援活動、開発途上国への支援活動などさまざまです。寄付つき商品は、パッケージなどにどのようなところに寄付するかが書いてあるので、探してみましょう。

買い物をするときには、このような商品にも目を向けてみましょう。

ちょこっとコラム

世界に学校給食を届ける活動

レッドカップキャンペーンは、途上国の子どもたちが学校給食を食べられるように支援する取り組みです。途上国では、食料がなくて空腹のまま学校に通う子どもたちや、家の仕事の手伝いをするために学校に通うこともできない子どもたちが少なくありません。

このキャンペーンのマークがついた商品を買うと、売り上げの一部が、国連WFP（国連世界食糧計画）が取り組む途上国の子どもたちの学校給食支援に役立てられます。

レッドカップキャンペーンのマーク。食料品や日用品、衣服など、さまざまな商品についている。

エシカルな商品を売るお店に話を聞いてみよう

**エシカル消費の考え方は、商品をつくる会社にも広がっています。
エシカル商品を売っているお店の藤田さんに話を聞いてみましょう。**

日本の農業と土地を守って、次の世代へつなげたい

――こちらのお店では、どんな商品を売っているのですか？

藤田：野菜や魚、お肉などの生鮮食品や、お米、調味料などの食品を売っています。わたしたちのお店であつかっている食品の多くは国内産で、化学的な肥料や農薬をできるだけ使わない有機栽培や、それに準じたものです。

――国内産であることや、有機栽培にこだわっているのは、どうしてですか？

藤田：おいしくて、人にとって安心で、環境にもやさしい食品をお客さんに食べてもらいたいと考えているからです。

また、わたしたちは、日本の農家や農業、さらに土地を守って、次の世代につなげていきたいと考えています。

田んぼや畑にたくさんの農薬をまくと、土地は弱っていってしまいます。それでは農業や日本の豊かな土地を次の世代に伝えられませんよね。

だから、農薬や化学的な肥料を使う量を減らして、土地を守ろうと努力している農家の人たちの声をできるだけ聞いて、応援していきたいのです。

お話を聞いた人

株式会社こだわりや　専務取締役
藤田友紀子さん

おいしくて、人と環境にやさしい食品にこだわって、商品の仕入れや生産者との共同開発、食品を多くの人に知ってもらうフェアの企画などを行っている。

東京都豊島区にあるお店の様子。関東地方を中心に50あまりのお店がある。

生産者たちの思いを聞いて、お客さんに届ける

――農家など、生産者の方たちとお話をされることはありますか？

藤田：わたしたちが生産者を訪ねることもありますし、毎月、会社に生産者や加工業者の方をまねいて、勉強会もしています。

商品をつくっている方々に、その土地の様子やつくり方、思いなどを聞くと、知識や理解が深まるだけでなく、わたしたちの思いも強くなるんです。ただ商品を注文してお店に並べるのではなく、その商品や生産者の方のファンとして、その商品を応援したい、消費者の方たちに届けたいという気持ちになるんです。

網にかかっても利用されていなかった「コノシロ」という魚を使って商品を開発し、販売している。

――生産者の方たちの言葉で、印象に残っているものはありますか？

藤田：自分たちがつくったものを、「子どものようだ」と話されることですね。

野菜やお米をつくるには、時間も手間もかかります。そうしておいしくつくった、自分たちの子どものような作物だからこそ、買った人にもぜひ大切に食べてほしいとおっしゃいます。

生産者を会社にまねいて勉強会を行い、商品についての知識を深めている。

――お店では、そうして大切につくられた農作物のほかに、魚介類なども売っているのですね。

藤田：はい。畑などで育てる農作物の場合とちがって、海産物はどこで、どんなふうにとられたものかわかりにくいこともあるのですが、わたしたちはできるだけそれを、生産者の方々にお話をうかがうようにしています。

また、海では魚をとりすぎてしまう問題なども起きているので、海や、海で働く人々の人権に配慮してとられた水産物を売るようにしています。

それから、魚の中には、網にかかっても、食べられるように処理をするには手間がかかるとか、安くてお金にならないという理由で利用されていなかったものがたくさんあるんです。そうした魚を加工して、商品化する取り組みもしています。

高知県の福祉施設と共同で開発した米粉ドーナツは、人気商品になっている。小麦アレルギーがある人にも安心して食べてもらえる。

だれもが働きがいのある仕事ができるように応援したい

――障がいのある人たちが作業する福祉施設と協力して商品をつくっていると聞きました。

藤田：はい。各地の福祉施設でつくられている、クッキーやドーナツ、干しいも、パン、卵など、さまざまな食品を売っています。

工場とちがって、福祉施設では、毎日同じ数の商品をつくるのがむずかしいこともあります。だから、スーパーマーケットなどの大きなお店ではあまり売られていないんです。

でも、わたしたちは、つくられる商品の数が日によってちがっても、それはあたりまえのことだと考えて、売るようにしているのです。

福祉施設の中には、そこで働いている人たちの仕事を増やして生活を安定させようと、一生懸命努力しているところが少なくありません。それをお手伝いして、だれもが働きがいのある仕事ができるようにしたいと思っているのです。

――福祉施設といっしょに開発した人気商品があるそうですね。

藤田：お米を細かくくだいてつくった米粉でできたドーナツです。小麦粉は一切使っていません。

現代の日本の食生活では、パスタやパンなど大量の小麦が使われていますが、そのほとんどは輸入されたものです。でも、お米は日本でつくられていますから、米粉を使うことは、日本の農家や土地を守ることにつながると思うんです。

それで、わたしたちのほうから高知の福祉施設に提案して、商品を開発してもらいました。

――店内には、生産者や商品のことを紹介するPOPが置かれていますね。

藤田：商品が何から、どのようにつくられたかということを、店内のPOPやSNSを活用して、できるだけみなさんに伝えるようにしています。生産者の努力や工夫を消費者に伝えて、同時に、消費者の声を生産者に伝えることも、わたしたちの大切な役目だと思っています。

店内のPOPに生産者や商品についての情報を書いて、お客さんに伝えている。

思いやりの気持ちがエシカル消費につながる

――ほかにも、エシカル消費のために工夫していることはありますか。

藤田：わたしたちはエシカルな食品を売るお店ですから、店の中にあるものもできるだけエシカルにしようと考えて、レシートの紙をFSC® 認証（適切に管理された森林からの木材や、適格だとみとめられたリサイクル資源からつくられた商品にあたえられる認証）を受けたものにしました。

それをきっかけに社内でいろいろなアイディアが出るようになり、プラスチック製の買い物カゴも、一部がペットボトルのキャップを原料として再利用したものに変わりました。これには多くのお客さんも協力してくださって、ほんとうにたくさんのキャップが集まっています。

また、有料のレジ袋も、植物などからつくるバイオマスプラスチックを配合したものに変えたり、店の床材を環境にやさしいものに変えたりもしています。

店の床には、環境に配慮した木材が使われている。

――エシカル消費で大切なのは、どんなことだと思いますか？

藤田：わたしは、エシカル消費で大切なことは、ひとりひとりが思いやりの気持ちをもつことだと思うんです。

土地を思う気持ちや、生産者を思う気持ち、未来をになう子どもたちを思う気持ちがあれば、買い物をするときも、自然と環境や人にやさしい商品を選ぶようになるのではないでしょうか。

わたしたちは、生産者やお客さんのことを思って商品を売るようにしています。そしてお客さんも、わたしたちのお店や生産者の思いを受けとって、応援する気持ちで来てくださっていると感じるんですよね。

そんなふうにおたがいを思いやる気持ちをつなげていけば、エシカル消費もきっと広がっていくと思います。

（上）お客さんの協力で集まったペットボトルのキャップ。（右）店内の買い物かご。ひとつのかごに97個のキャップが使われている。

3 家でできるエシカル消費(しょうひ)

1

ものを大切にすると エシカル消費なの？

エシカル消費は、環境や人のことを考えて買ったり使ったりすること。
ものを大切にすることが、どうしてエシカル消費になるのでしょうか？

資源のむだづかいを なくせる

わたしたちの身の回りのものは、石油や水、金属、植物や動物など、自然の中にあるさまざまな資源からつくられています。

ものを乱暴にあつかってこわしたり、なくしたりすると、買い直すことになって、こうした資源をもっと使うことになってしまいます。

ものをていねいにあつかって、長く使えば、資源のむだづかいを減らすことができるのです。

だれかにまた 使ってもらえる

ものを大切に使っていれば、人にゆずったり売ったりすることもできます。

たとえば、手入れをしながら大切に着ていた洋服なら、小さくなって着られなくなっても、古着屋さんなどに買いとってもらえます。でもよごれがひどいものや、破れているものだとむずかしいでしょう。

自分が使う期間をすぎても、ものを使ってもらうためには、ていねいに使うことが大切なのです。

大事に使うには、正しい使い方をしよう

では、どうしたら大事に使えるのでしょうか。商品には、使い方や保存の仕方、注意点などが書かれています。商品を買ったら、まず表示や説明を必ず読み、それに従うことが、大事に使うためのポイントです。

食料品では、保存方法と消費期限や賞味期限の表示をチェックして、それを守ることが必要です。傷んで食べられなくなってしまうと、食品ロス（→ 33 ページ）になってしまいます。

＊消費期限：安全に食べられる期限。傷みやすい食品につく。それまでに食べる。
賞味期限：おいしく食べられる期限。過ぎてもすぐ食べられなくなるわけではない。

ものを大切にするには どうすればいいの？

ものによって、大切にするポイントは変わってきます。
身近なものを大切にする、具体的な方法を見てみましょう。

服を大切にしよう

服はいちど着ると、ほこりやあせなど、いろいろなよごれがつきます。ぬいだらそのままにせず、よごれていないか、ボタンがとれかかっていないかなど、チェックする習慣をつけましょう。よごれは、時間がたつと、落ちにくくなります。

服には洗たくの仕方などの表示がついています。服の素材はさまざまで、中にはデリケートなものや色落ちするものもあります。表示を見ないで洗たくしてしまうと、かえって服をだめにしてしまうこともあるので、必ずチェックしましょう。

洗たくした服は、たたむかハンガーにかけてしまいます。ボタンがとれていたら直しましょう（→ 26 ページ）。

洗たくのおもな表示

洗たく

洗たく機で洗える。中の数字は水の温度。この温度以下で洗える。

洗たくの強さを表す線。なしだと通常の強さで、1 本だと弱く、2 本だととても弱く洗える。

洗たく機を使わないで手洗いする（温度は 40℃以下）。

家庭で洗たくしてはいけない。

干す

つり干しする。

日かげで、つり干しする。

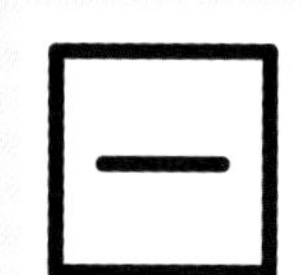

平らに置いて干す。

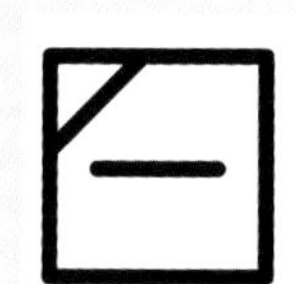

日かげで、平らに置いて干す。

アイロン・漂白剤

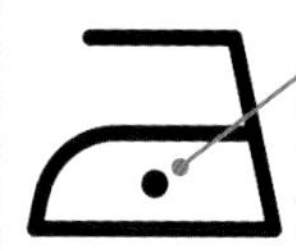

アイロンの温度を表す点。ひとつは低温（110℃以下）、ふたつは中温（150℃以下）、3 つは高温（200℃以下）でかけられる。

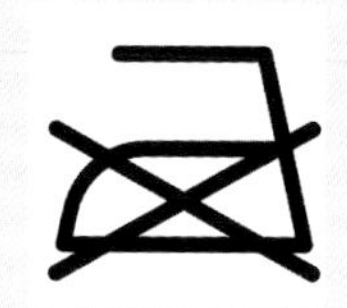

アイロンを使ってはいけない。

漂白剤を使ってはいけない。

この前、あせビショビショのズボンとTシャツ、バッグに入れっぱなしにしてたら、Tシャツにズボンの色がついて、落ちなくなっちゃったんだ！

ぬれていると、色落ちや色移りするものがあるクリ。新品で、色の濃いものは、とくに注意するクリ。次からは、早く出して洗うのが大事だクリン！

シャツやブラウスの上手なたたみ方

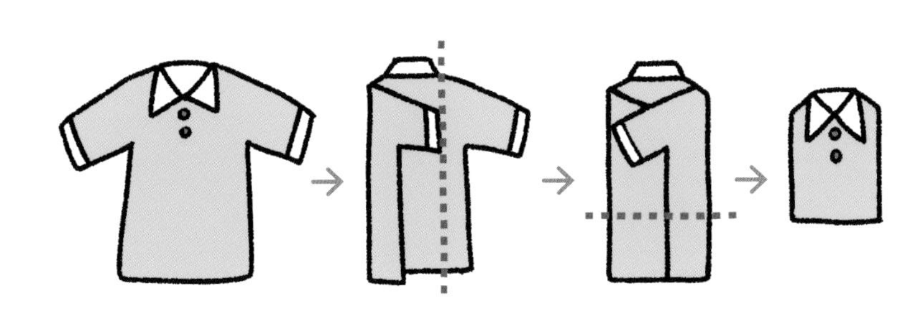

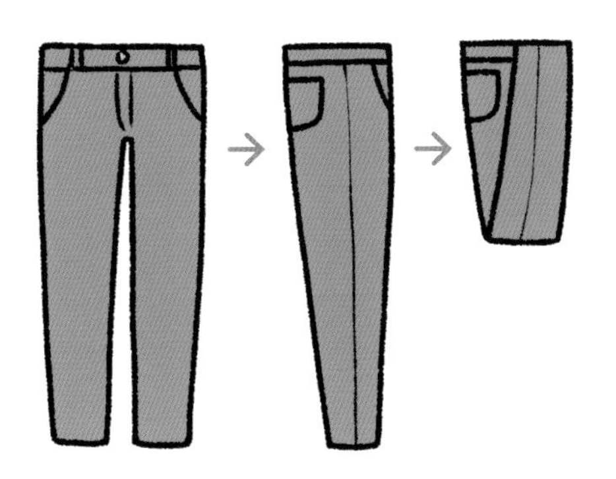

ランドセルを大切にしよう

ランドセルも定期的に手入れをすると、きれいな状態で長持ちさせることができます。

まず、中のごみなどを出して、歯ブラシなどで細かいところのよごれをとります。それから、やわらかいタオルで全体をからぶきします。

ランドセルが雨などでぬれたときは、ていねいにふいてから、直射日光の当たらないところで干すようにしましょう。

スニーカーを大切にしよう

子ども向けの布でできたスニーカーは、たいてい水洗いすることができます。ふきとるタイプの専用のクリーナーもあります。

ソールのよごれは、消しゴムでこすったり、歯ブラシと歯磨き粉でこすったりすると、きれいになります。

洗ったら防水スプレーをかけると、よごれや水濡れを防げます。

雨やあせでしめってしまったときは、中にペーパータオルや新聞紙をつめて、日かげでかわかしましょう。

自転車を大切にしよう

自転車に乱暴に乗っていると、故障するばかりか、事故にあう危険もあります。

ふだんから乗る前には点検をして、故障しているところがないかどうかチェックしましょう。そして、交通ルールを守って、安全に走るようにしましょう。

自転車の点検は、大人といっしょにやるクリ。自転車屋さんにも定期的に点検してもらうといいクリ！

自転車の点検の仕方

チェーンがさびないように、チェーン油をさす（ブレーキ部分にはささない）。

カバーをかけておくと、雨でもさびにくくて、長持ちするんだって！

パソコンやタブレットを大切にしよう

パソコンやタブレットのような精密機械は、わずかな衝撃をあたえただけでも、こわれてしまうことがあります。使うときには、とくにていねいにあつかうようにしましょう。

●運ぶときは両手でもつ

胸の位置でかかえると安心。専用のバッグに入れて運ぶのもいいでしょう。

●やさしく開け閉めする

乱暴に開け閉めすると、故障の原因になります。

●そばに飲みものを置かない

機械は水に弱い！　飲みものをこぼすとこわれることがあるので、近くには置きません。

●上にものを置かない

軽いものでも上にのせると、ディスプレイが傷つくことがあります。

ちょこっとコラム

保険でものを守る

保険は、何か困ったことが起こったときに備え、日頃からみんなでお金を出し合って、助け合う仕組みです。

保険に入っている人たちは、保険料をはらい、そのうちのだれかが事故や病気、災害などで大きなお金が必要になったときは、集まった保険料の中から、お金が支給されます。

病気になったときのための保険や、自動車事故を起こしたときのための保険など、さまざまな種類がありますが、パソコンなどがこわれたときに、修理代などを支給してもらう保険もあります。ものを大切に使うために、このような保険に入るのもひとつの方法です。

保険とはちがって、販売したお店やメーカーが、修理の保証期間を延ばしてくれる長期保証サービスもあるクリ。

こわれたら どうすればいいの？

大事に使っていても、いつかはこわれてしまうもの。
こわれたら、どうすればよいのでしょうか？

簡単なものは自分で直してみる

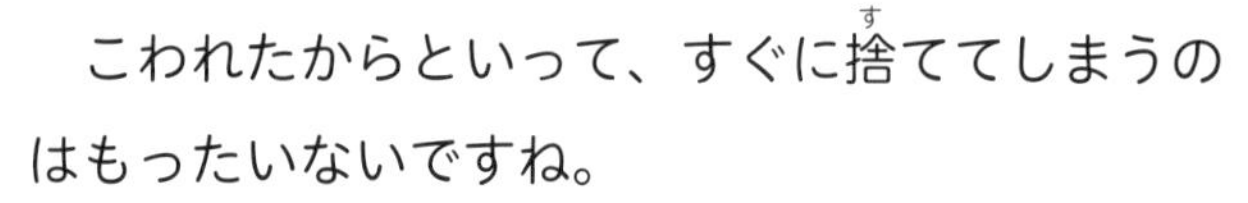

こわれたからといって、すぐに捨ててしまうのはもったいないですね。

服のボタンがとれたときや、ぬいぐるみに穴があいたとき、かさの骨が折れたときなど、簡単なものは、自分で修理してみましょう。手芸用品店やホームセンターには、修理のための道具も売っています。

好きな材料を使って修理すれば、世界でひとつのオリジナルに変身させることもできます。

ボタンをつけるときは、糸にゆるみをつくって、そこに糸を何度か巻きつけるようにする。

専門家に修理してもらう

家電製品などの故障は、買ったお店やメーカー、専門の修理店などに修理してもらいましょう。

家電製品を買ったときについてくる「保証書」は、レシートといっしょに大事に保管しておきます。製品がうまく動作しないときや故障したとき、保証書があれば、メーカーなどで無料で修理してもらえます。

ただ、保証書には、買った日からいつまでという期限があるので注意しましょう。また、不具合や故障の内容によっては修理にお金がかかる場合もあります。

スマートフォンやパソコン、時計、スポーツ用品なども、買ったお店や専門の修理店に相談してみましょう。おもちゃの修理は、ボランティアでやってくれるところもあるので、探してみるといいですよ。

Tシャツが破れてしまった！　さあ、どうする？

お気に入りのＴシャツが破れてしまったら、あなたなら、どうしますか？
「捨てる」以外にどんな方法があるか、みんなで考えてみましょう。

4 エシカル消費と省エネの関係は？

エシカル消費では、省エネという観点も大切です。
省エネは、なぜエシカル消費になるのでしょうか？

エネルギー資源を守り、CO_2 を削減する

ものを動かしたり、燃やしたり、光や音を出したりする力を「エネルギー」といいます。たとえば、自動車を動かすときはガソリンや電気を使い、料理をするときにはガスや電気、テレビを見るときには電気というエネルギーを使います。

エネルギーの多くは石油や天然ガス、石炭からつくられます。でもこのまま使い続けると、これらの資源は、いずれなくなってしまうのです。

また、こうしたエネルギーを使うときには、二酸化炭素（CO_2）が出て、地球温暖化の原因になってしまいます。

そのため、エネルギーを節約する「省エネ」を心がけながら、ものを買ったり、使ったりすることも、エシカル消費になるのです。

日本は、石油や天然ガスをほとんど輸入しているから、省エネがとても大切だクリ。

ちょこっとコラム　化石燃料はあとどれくらい？

石油・天然ガス・石炭は、大昔の地球で生きていた微生物の死がいや植物などが土にうもれて、何億年もかかってできたものです。そのため、化石燃料と呼ばれています。

化石燃料は、世界の各地でほり出されています。新しく発見されることもありますが、いつかはなくなってしまう、限りのある資源です。

化石燃料を使いすぎないようにしようといわれるのは、そのためです。

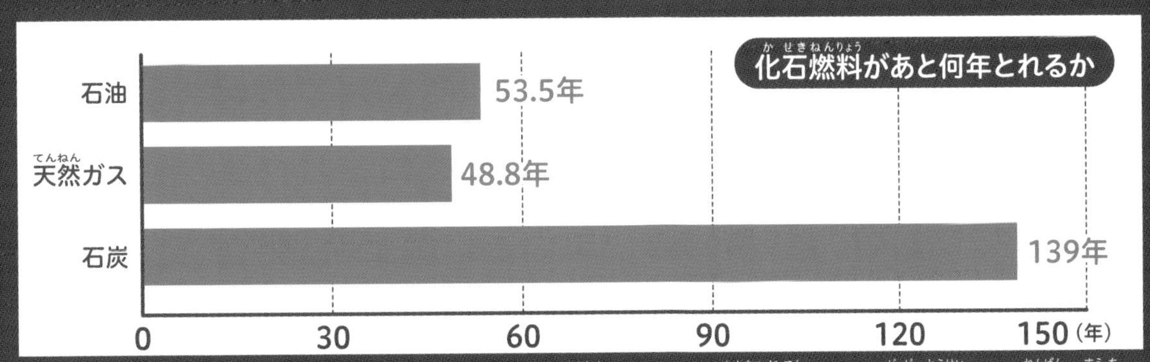

石油・天然ガスは2020年末時点、石炭はBP統計2022年版の数値／資源エネルギー庁「エネルギー白書2023」に記載の数値をもとに作成

省エネになる、買い方や使い方をしよう

最近は省エネ性能のすぐれた製品がたくさん出ています。買い換えるときはそうしたものを選ぶこともエシカル消費です。また、ものを使うときにも、ちょっとした工夫で、省エネできることがたくさんあります。

省エネはお金の節約にもつながりますよ。

エアコンの省エネ行動とお金の節約の効果

冷房の設定温度を27℃から28℃に上げると
年間 約820円の節約

暖房の設定温度を21℃から20℃に下げると
年間 約1430円の節約

フィルターを月に1、2回そうじすると
年間 約860円の節約

資源エネルギー庁「家庭用省エネ性能カタログ2023年版」より

省エネしたらお金も得するんだ。

家庭でできる省エネ

照明器具
- 白熱電球や蛍光灯を、省エネ性能の高いLEDにかえる。
- 使っていない部屋の照明は消しておく。
- 照明のカバーなどを定期的に掃除する。

エアコン
- 冷房を使うときは、カーテンやすだれを上手に使って、直射日光が入らないようにする。
- 部屋の戸の開け閉めをできるだけ少なくする。
- 夏はすずしい服、冬は暖かい服を着る。
- 扇風機で部屋の空気を循環させる。
- 室外機の近くに、ものを置かないようにする。

冷蔵庫
- 必要なものはまとめて取り出し、何度もドアを開けたり閉めたりしない。
- 冷蔵庫の中は整理して、つめこみすぎないようにする。

ほかにはどんなことができるか、考えてみるクリ！

お風呂
- 家族が、時間をおかないで続けて入るようにすると、追いだきしないですむ。
- シャワーは出しっぱなしにしないで、こまめに止める。

洗たく機
- 洗たくものは、適度にまとめて洗う。
- 洗たくには、お風呂の残り湯をなるべく使う。
- 洗剤をたくさん入れすぎないようにする。

再生可能エネルギーを利用しよう

石油や天然ガス、石炭は、いつかはなくなってしまうエネルギー資源です。それに対して、使ってもなくならず、くり返し使えるエネルギー資源を、「再生可能エネルギー」といいます。

再生可能エネルギーには、太陽光や風力、地熱、バイオマス、水力などがあります。再生可能エネルギーは利用するときに、二酸化炭素（CO_2）をほとんど出しません。そのため、環境にやさしいエネルギーとして注目されています。

現在では、再生可能エネルギーを指定して電力会社と契約することもできます。

日本の発電電力量のエネルギー源別割合

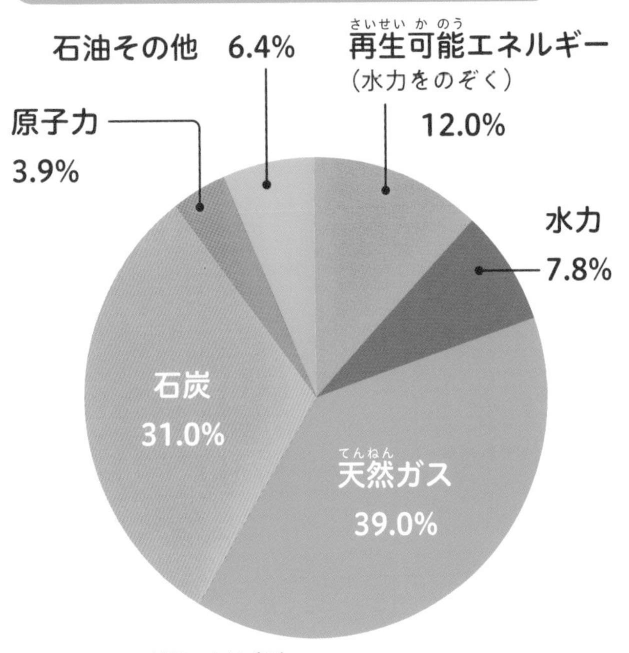

※割合は四捨五入しているため、合計は 100 にならない

2020 年度／資源エネルギー庁「日本のエネルギー 2022 年度版」より

バイオマス発電は、木のくずや間伐材（木の手入れをするときに切り落とされた枝など）、生ごみ、イネや麦のわらなどを発酵させたり燃やしたりして発電する。

水力を入れた再生可能エネルギーの割合は、カナダは約 70%、ドイツ・イギリス・スペイン・イタリアは、約 40%なんだって。
なんで日本と、そんなにちがうのかな。

＼ちょこっと／ コラム

アヒル発電って何だろう？

新しい再生可能エネルギーも、実用化に向けて開発が進められています。そのうちのひとつが、「波の力」を利用して電気を起こす「アヒル発電」です。

アヒル発電はアヒルの形をした発電装置で、波にゆられてかたむくことで発電します。海のどこでもうかべられ、大きな建物を建設する必要がないので費用が安くすみます。波は、日光や風力と比べて、天気や時間帯による影響を受けにくいので、安定して電気をつくることができるのです。さらに、電気を使って大気中の二酸化炭素（CO_2）を回収し、水素をつくり出すので、気候変動をおさえることもできると期待されています。

海にうかぶアヒル発電の装置。

4 ごみを減らそう

ぷは〜〜、
おいしかった！
ペリペリペリ

え !?
何やってるの？
ペットボトルのラベルって
ミシン目が入ってて
はがしやすくなってるんだよ。

ほんとだー！
知らなかった！　どうして〜？

ペットボトルとラベルを
別々に回収できるように
するためなんだって。
なるほどー！
すごい！

ペットボトルと
ラベルとふたは
別々に集めると
リサイクル
しやすいんだよ。
ちゃんと分ければ
ごみじゃなくて
資源になるんだって。
これからは
わたしも
そうするね。
ペリ
ペリペリ

3Rって どういうこと？

ごみを減らすために大事なのが「３Ｒ」。
３Ｒとは、どんな意味なのでしょうか？

資源をくり返し使って、ごみを減らす

３Ｒは、英語で「減らす」という意味のリデュース（Reduce）、「再使用する」という意味のリユース（Reuse）、「再生利用する」という意味のリサイクル（Recycle）の３つの行動を指します。

３Ｒは、ごみを減らすためにどれも大切ですが、順番があります。いちばん大切なのがリデュースで、次がリユース、最後がリサイクル。余分な資源やエネルギーを使わないですむ順番です。

ものをくり返し使って、ごみを少なくした社会を「循環型社会」といいます。循環型社会を実現するためには、３Ｒを進めていくことがとても大切です。

野菜の循環の例

野菜ができる。

お店や消費者が野菜を買って食べる。

農家が野菜を育てる。

生ごみから肥料がつくられる。

肥料が田畑に使われる。

ちょこっとコラム

リフューズとリペアで「５Ｒ」

５Ｒは、３Ｒに「断る、受け取らない」という意味のリフューズ（Refuse）、「修理する」という意味のリペア（Repair）を加えた言葉です。

まずは３Ｒをはじめて、慣れてきたら、ほかの２つもやってみましょう。

Refuse　レジ袋や余分な包装は、受け取らないようにします。

Repair　こわれたものは修理して、長く使うようにします。

リデュースってどういうこと？

ごみになりそうなものを最初から減らす「リデュース」。
どんなことをすればよいのでしょうか？

必要なものだけ買う

リデュースは、ごみになりそうなものを減らすこと。３Ｒの中でもっとも大事です。

必要なものだけ買う、つめかえができるものを選ぶ、包装を簡単にする……などを実践して、あとでごみになってしまうようなものを、はじめから家にもちこまないようにします。

その分だけものをつくる必要がなくなり、資源もエネルギーも使わずにすむのです。

借りて使う

長く使う予定がないものは、人に借りたり、レンタルサービスを利用したりするなどの方法も考えてみましょう。

借りるということは、新しいものをつくらないですむということです。

できれば近所で借りられると、輸送のためのエネルギーも使わずにすみます。

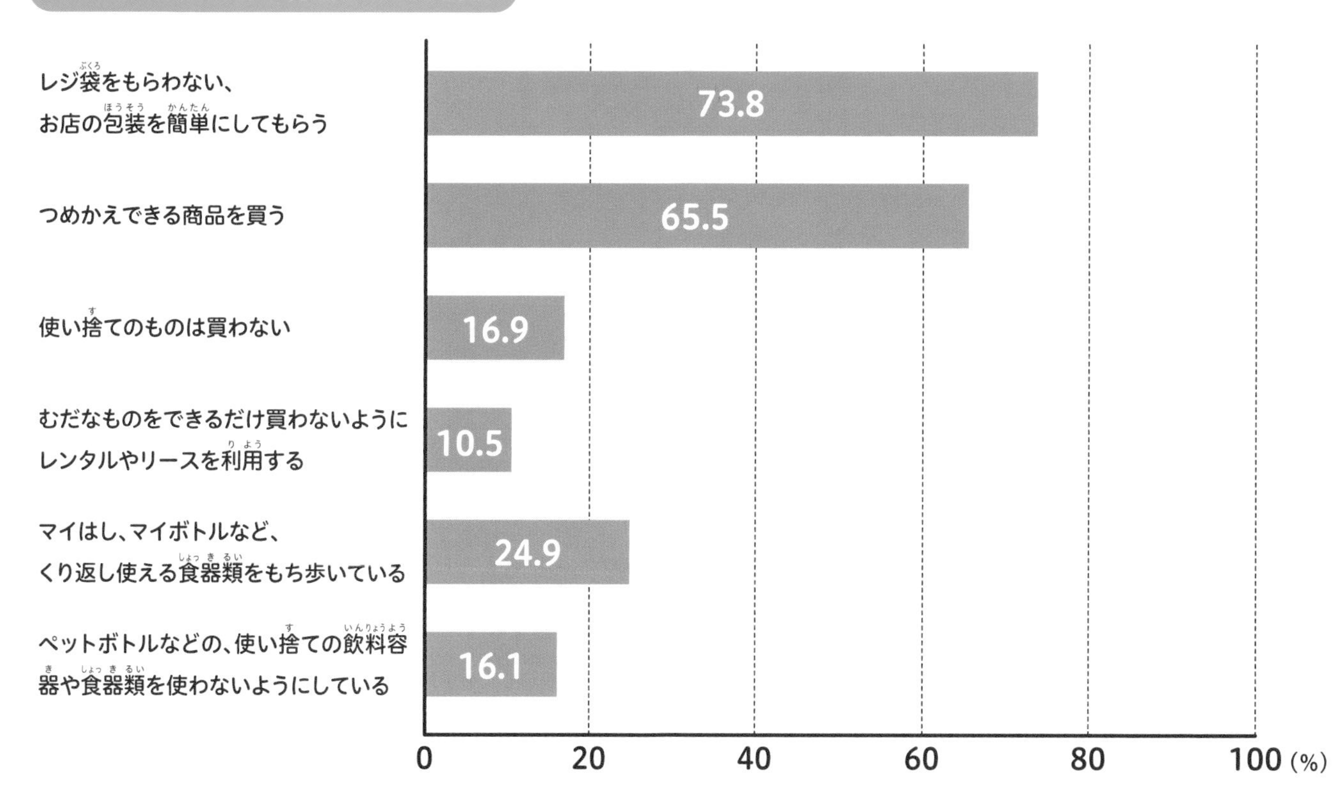

2022 年度／環境省「令和５年版 環境白書・循環型社会白書・生物多様性白書」より一部抜粋

＼もっと／知りたい!

食品ロスって何だろう？

日本では、食品ロスが大きな問題になっています。
食品ロスとは、どういうことなのでしょうか？

食べられるのに捨てられてしまう

まだ食べられるのに捨てられてしまう食べものを、「食品ロス（フードロス）」といいます。日本では、食品関係の会社や家庭から1年間に500万t以上の食品ロスが出ています。

食品ロスには、食べ残しのほか、手つかずで捨てられた食品、それから厚くむきすぎた皮などがあります。

食品ロスは、食べものがむだになるだけでなく、それが生ごみとして燃やされると二酸化炭素（CO_2）を出すので、地球温暖化にも影響をあたえています。

食品ロスを減らすことは、エシカル消費につながります。

食品ロスのうちわけ

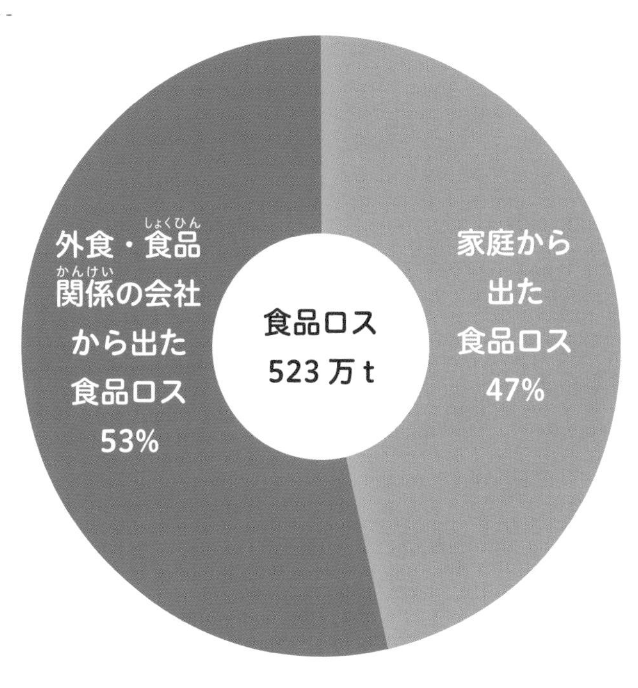

2021年度／消費者庁「食品ロス削減関係参考資料（令和5年6月9日版）」より

食べものを残さないようにしよう

レストランなどで外食をするときは、食べ残しをしないよう、食べられる分だけを注文するようにします。

また、買い物をするときは、消費期限（安全に食べられる期限）や賞味期限（おいしく食べられる期限）をチェックして、食べ切れる量、使い切れる量だけ買うようにしましょう。

計画的な外食や買い物は、環境にもやさしく、お財布にもやさしいですよ。

フードバンクって何だろう？

食品ロスを減らすために、フードバンクの取り組みが進んでいます。どんな仕組みなのでしょうか？

お店などで余った食品を必要な人たちに届ける

食品関係のお店や会社では、まだ安全に食べられる食品でも、包装のラベルの字をまちがったり、賞味期限が近くなったりして売れなくなることがあります。フードバンクは、こうした食品を引きとって、食べものが必要な団体や家庭に届ける仕組みです。

フードバンクによって、食品ロスを減らし、困っている人々を助けることができます。

フードバンクの仕組み

食品関係企業など

支援団体

農家

フードバンク

食品小売店など

支援の必要な家庭

家庭で余った食品を活かすフードドライブ

家庭で余った食品を引きとって、子ども食堂や福祉施設などに届けるフードドライブという仕組みもあります。

フードドライブは市区町村や会社、学校など、さまざまなところで行われているので、自分が住んでいる地域でも探してみましょう。

フードドライブで引きとる食品の例

お米

調味料

レトルト食品

カップめん

缶づめ

引きとる食品の種類はフードバンクによってちがいます。また、パッケージや袋を開けていないもの、消費期限に余裕があるものなど、条件があるので、あらかじめ調べておきましょう。

リユースってどういうこと？

**ものを捨てずに再使用する「リユース」。
どんなことをすればよいのでしょうか？**

くり返し使おう！

リユースは、使い終わったものをまた使うことです。

読み終わった本や遊び終わったゲーム、使わなくなった家電製品や家具、服などは、身近な人にゆずったり、寄付したりすることができます。また、中古品をあつかう店やフリーマーケットなどで売るのもひとつの方法です。自分が何かを買うときにも、中古品店を利用すると、リユースに参加できます。

びんは、洗浄してくり返し使うことができるものがあります。びんを買ったお店に返せる場合は返すようにしましょう。分別収集されたびんから、再使用できるものをぬきとり、リユースしている市町村もあります。

また、そのままの形で再使用するのではなく、つくりかえて使うリメイクという方法もあります。たとえば、着なくなった服をランチョンマットにつくりかえるなど、楽しみながら、ものを大事にする方法を考えてみましょう。

ほかの人に気持ちよく使ってもらえるように、ものはていねいに使うようにしよう。

ちょこっとコラム　フリーマーケットに行ってみよう

フリーマーケットは、家庭でいらなくなったものをみんながもちよって、売ったり買ったりするイベントです。公園などでよく開かれていて、必要なものを安く買えることから、多くの人が集まります。

売り手として参加したいときは、フリーマーケットを開く人に申しこむ必要があります。参加するときは、ルールやマナーをしっかり守るようにしましょう。

フリーマーケットの様子。

リサイクルってどういうこと？

リサイクルは、使い終わったものを資源にもどして再生利用すること。
どうすればリサイクルされるのでしょうか？

資源にもどしてから再利用する

リサイクルは、ものを資源にもどして再利用することです。別のものに生まれかわらせるので、再生利用ともいいます。

たとえば、びんをリユースするときは、びんをきれいに洗ってそのまま使いますが、リサイクルでは、びんを粉々にくだいて、それをもとに新しいびんやちがう製品をつくります。

でも資源にもどして、新しくものをつくるには、エネルギーが必要です。リサイクルよりもリデュースやリユースが大事なのは、そのためです。

分別収集のルールを守ろう

リサイクルされるものには、紙やびん、缶、プラスチックなどがあります。ちがうものがまざっているとリサイクルができないので、分別収集されます。地域ごとにルールがちがうので、住んでいる地域のルールを守って分別してごみを出すようにしましょう。

また、ものを買うときには、リサイクルでつくられた商品を積極的に選ぶようにすると、リサイクルで商品をつくる会社が増え、ものがくり返し利用される循環型社会化を進めることができます。

リサイクルのために行動している割合

家庭で出たごみは種類ごとに分別して、決められた場所に出している

リサイクルしやすいように、資源ごみとして回収されるびんなどを洗っている

再生原料でつくられたリサイクル製品を積極的に買っている

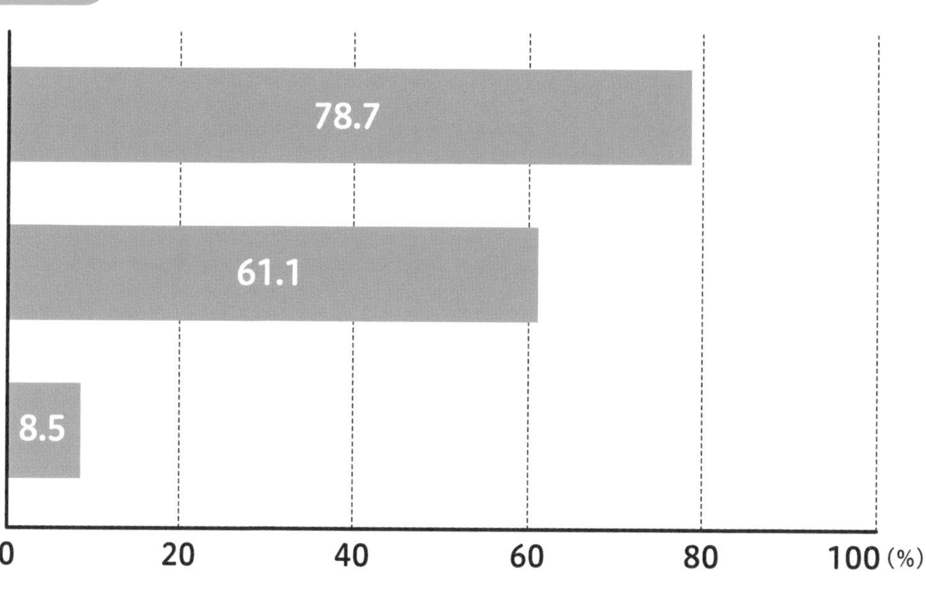

2022 年度／環境省「令和 5 年版 環境白書・循環型社会白書・生物多様性白書」より一部抜粋

データで見る日本のリサイクル

飲料容器のリサイクル率

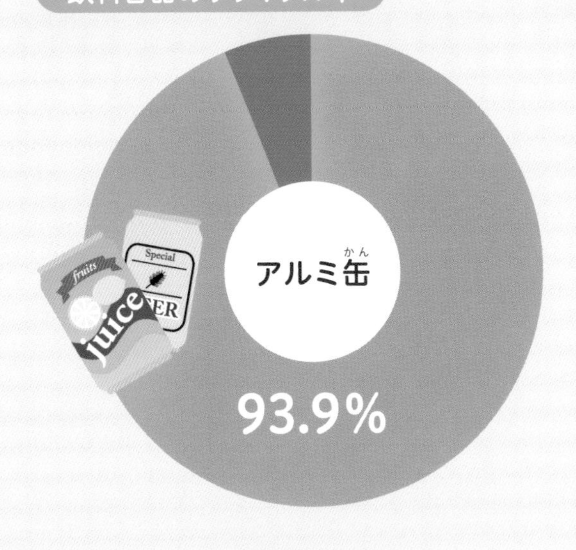

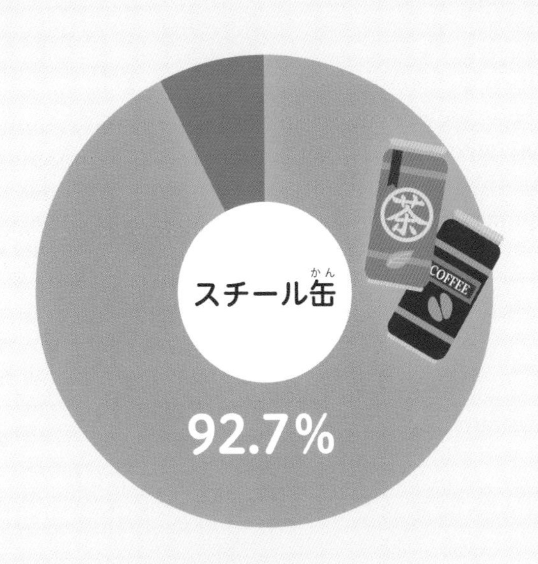

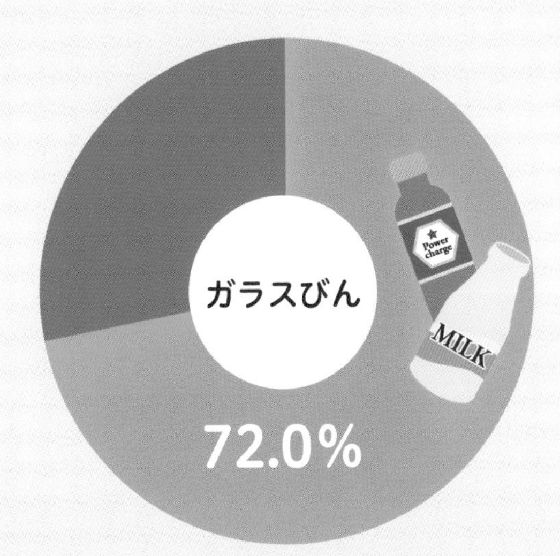

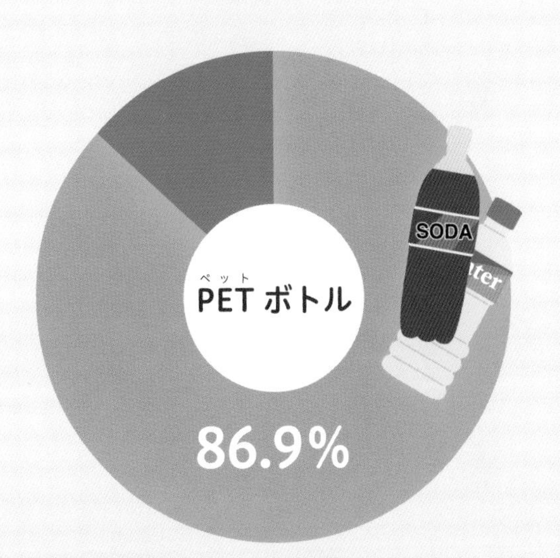

ガラスびんのみ 2022 年、ほかは 2022 年度／食品容器環境美化協会「飲料容器のリサイクル」より

日本で出されるごみのリサイクル率

2021 年度／環境省「一般廃棄物の排出及び処理状況等（令和 3 年度）について」より

飲料容器のリサイクルは進んでいるけど、ごみ全体では、リサイクル率はまだ低いクリ。もっとごみを減らすにはどうしたらいいか、みんなで考えてほしいクリ！

さくいん

あ

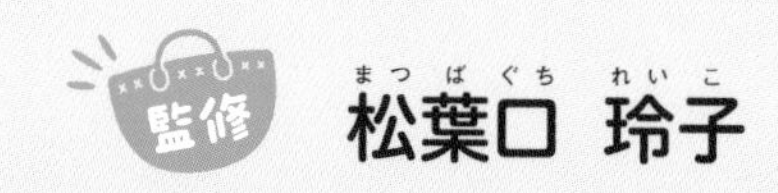

監修 松葉口（まつばぐち） 玲子（れいこ）

横浜国立大学教育学部教授。専門は消費者教育、環境教育、ESD（持続可能な開発のための教育）。持続可能な社会の構築に向けた消費者教育やESD、環境教育の研究に取り組む。著書に『持続可能な社会のための消費者教育―環境・消費・ジェンダー』（近代文藝社）、『SDGs時代の教育』（学文社／共著）、監修書に『地球ときみをつなぐ SDGsのお話』『SDGsおはなし絵本 やさしくわかる１７の目標』（Gakken）など多数ある。

表紙・本文イラスト：ふわ こういちろう
説明イラスト：伊澤栞奈（303BOOKS）
装丁・本文デザイン：倉科明敏（T.デザイン室）
編集制作：常松心平、飯沼基子、古川貴恵（303BOOKS）
撮影：杵嶋宏樹
校正：鷗来堂
取材協力：株式会社こだわりや
画像提供：Yellow Duck／MSCジャパン／国際連合世界食糧計画WFP協会／３Ｒ活動推進フォーラム／東京都／日本森林管理協議会／農林水産省／PIXTA／フェアトレード・ラベル・ジャパン

お金の使い方で未来を変えよう！
❹ エシカルな消費をしよう

2024年3月22日　第1刷発行

発行所　株式会社童心社
〒112-0011　東京都文京区千石4-6-6
電話03-5976-4181（代表）
03-5976-4402（編集）
印刷　中央精版印刷株式会社
製本　株式会社難波製本

ISBN978-4-494-01885-7
Printed in Japan　NDC 365　39P　30.3×21.6cm　Published by DOSHINSHA　https://www.doshinsha.co.jp/